# Unser Gutslesteller

Hildegard Gerster

# Unser Gutslesteller

J. F. Steinkopf Stuttgart

Verfaßt im Gedenken an meine liebe Großmutter,
Christiane Lotze geb. Stöckle,
der ich die Springerlesmodel verdanke.

Hildegard Gerster-Schwenkel

# Vorwort

Es gibt heut so viel guete Sacha,
on alles isch heut so bequem,
mir hättet allen Grond zom Lacha
on — fendet 's Leba o'a'gnehm!

Mir sottet deshalb ondersuecha,
wo's ons denn eigentlich heut fehlt,
on, statt dem Schempfa on dem Fluecha,
ons herzhaft freua an dr Welt.

Mr sottet ons aufs Lacha bsenna,
on was mr alles loba ka'!
I fang drom en dem Büechle drenna
für desmòl mit de *Guetsla* a'.

Des isch a Thema, heida Sabl,
des jeden Schwòb zom Schmunzla brengt!
Es lauft am d'Spucke rom em Schnabl,
sobald r an a Guetsle denkt.

Des hòt nix z'doont mit schlechte Sitta,
isch net profane Gaumaluscht:
Des Wörtle *Guetsla,* o'bestritta,
vrzaubert jede Schwòbabruscht.

Wer denkt dò net em ganza Leba
an Haglzucker on Schoklad,
an Zemmet, Mandla on Zibeba,
an Hägamark on Zitronat?

Wer sieht sich net mit heiße Backa
hantiera aufm Nudlbrett,
Teig rühra, kneta, Mandla hacka?
On 's Schlecka, des war bsonders nett!

Hòt's henterher en alle Zemmer
nòch dene Guetsla grocha nò,
war für de schwäbisch Sippschaft emmer
die richtig Weihnachtsstimmung dò.

I will dir drom en Ratschlag geba
(du hòsch jò jetz d'Rezept em Haus!):
Willsch du en Heidaschpaß erleba,
nò holsch jetz glei dei Wellholz raus!

# Gebba isch selicher als Nemma

Es heißt, mir Schwòba dädet raffa
on bloß aus Habgier so viel schaffa,
doch des isch romp on stomp vrloga!
Wär onserei's derart vrboga,
nò hätta mir kein Sinn fürs Bacha
on dädet keine Guetsla macha,
viel weniger noh ei's vrschenka,
on höchstens an ons selber denka.

A Schwòb vrteilt die Kostbarkeita
mit volle Händ nòch alle Seita,
drom isch's a ganz absurde Mär,
daß jeder Schwòb a Geizhals wär!
Wer bhäb isch on wer alles bhält,
hòt nix zum Lacha auf dr Welt
on widert sich bald selber a',
weil keiner ehn meh leida ka'.

Mr sott *den* Trieb net keima lassa
on zeitig bei dr Wurzl fassa,
damit r niemòls Blüeta treibt
on jederzeit em Rahma bleibt.
Behuetsam sott mr d'Kender lenka!
Wie herzig könnet die scho schenka,
läßt mr se bloß a bißle spüra,
ihr A'gebinde dät ei'n rühra.

Se schaffet nò mit heiße Backa
on deen da letschta Gruscht ei'packa,
weil's halt so schee isch, wenn ei's lacht
on so a zfriedens Gsicht na'macht.
Gelingt's ei'm jetzt, se a'zuhalta,
ihrn Ei'fallsreichtum zu entfalta
on ihren Gschmack en Sacha „Schenka"
en a gehobne Bahn zu lenka,
sen solche Kender zu beneida
en onsre seelalose Zeita.

Versäumet nix, ihr große Leut,
on leitet d'Kender scho beizeit
von sich weg zu de andre na',
solang mr des no macha ka'!
Wer sich vrschtòht aufs rechte Schenka,
wird nie bloß an sich selber denka:
der richtet sich auf andre aus
on sieht au d'Not em Nòchbrhaus.

So einer schleppt sei Joch mit Würde
on scheitert net an jeder Hürde;
er suecht kein Trost en Rausch on Flitter
on landet au net henter Gitter.

Befleißigsch de beizeit em Geba,
nò bleibsch du en dei'm ganza Leba —
au wenn de net em Lotto gwennsch! —
a fröhlicher on zfriedner Mensch!

## Sprengerla

*4 Eier, 500 g Zucker, 500 g Mehl, 1 Messerspitze Backpulver oder Pottasche, etwas abgeriebene Zitronenschale, Anis.*

Heut kommet amòl wieder d'Sprengerla dra',
alljährlich fangt dòmit mei Weihnachtszeit a'.
Em Keller bewahr i die Mödela auf,
dò gang i jetz nonder, on die hol i rauf.

Mehl, Eier on Anis, des han i scho kauft,
on wenn nò en Bälde mei Rührmaschin lauft,
nò denk i bei mir, wie bequem des isch — ond:
daß d'Großmueter grührt hòt a gschlagene Stond!

Jetz sieb i mei Mehl on streu Hirschhornsalz drauf,
sonsch ganget die Denger womöglich net auf,
on des wär jò schad om mei Geld on mei Zeit,
glei wär se vrfloga, mei Vorweihnachtsfreud.

Ganz vorsichtig misch i ens schaumige Ei
allmählich des Mehl on des Triebmittel nei.
Em Küehlschrank vrwahrt, appetitlich on rond,
erkaltet mei Laible nòch Vorschrift a Stond.

Doch glaubet ihr jò net, jetz hätt i's scho gschafft!
Was jetz kommt, braucht alle mei seelische Kraft,
denn jetz wird sich's zeiga, ob d'Masse a Spur
noh z'feucht isch, noh z'trocka für d'nächst Prozedur.

Isch die nämlich z'trocka, wird 's Muschter net fei,
on z'babbiger Teig klebt en d'Mödela nei,
so daß i die Denger mit zittriche Händ
oft fuchsdeufelswild en a Eck feura könnt.

Es gilt doch dem Schnitzwerk em ausghöhlta Holz
mei o'teilter schwäbischer Urenkelstolz!
Die Bildla on Muschter, schier o'faßlich fei,
die müeßet em Guetslesteig abbildet sei!

Was wär denn der Kaleb am End ohne Stock
ond ohne den Trauba, zwei Füeß on en Rock?
On was wär denn schließlich dem König sei Haus,
pfiff net grad des Zügle zum Rosastei naus?

Beim Taler, dò brauch i die Jòhreszahl ganz,
samt Wappa on Hörnla on lorbeernem Kranz.
On wär net der Schmetterling halbe so nett,
sobald r die winzige Fühler net hätt?

On so isch's mit allem, i dreh's wie i's will!
Hòòrscharf inspizier i des Bild mit dr Brill
on hoff, meine Vorfahra — selich vrschieda —
die wäret mit *der* Präzisionsarbeit zfrieda.

Bloß nòò wär i selber fürs erste em Glück
mit meine o'bachene Meisterstück.

Ihr denket jetzt sicher, jetzt wär i soweit,
doch täuschet euch jò net, ihr arglose Leut!
Die Guetsla, die müeßet jetz trockna a Nacht,
bevor mr se onda noh a'streicht on bacht.

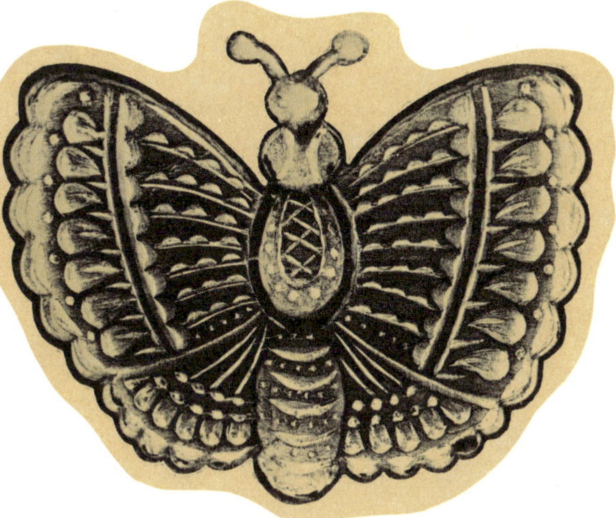

Mr streut au noh Anis aufs Backblech zum Schluß,
sonscht kriegt mr womöglich en Haufa Vrdruß,
weil d'Guetsla des bsondre Aroma net hend
on außerdem saumäßig na'bacha send.

Jetz sott mr mi o'bedengt dòsitza seha!
I dua vor mei'm Backofa ächza on fleha:

„Du güeticher Hemml, i bitt di so heiß,
bewahr doch dem Backwerk sei makellos Weiß,
on mach, daß es Füeßla kriegt, lieber Gott, bitte!
Des isch doch bei schwäbische Sprengerla Sitte!"

Dr Schweiß lauft mr ronder, bis d'Kücheuhr schellt:
Wie oft hòt des Bacha scho alles vrgällt!

Isch d'Onderseit golden — i lauer scho gschbannt! —
nò ziag i den Sega erleichtert an Land
on laß en erkalta, eh alles vrdätscht:
Wie leicht hòt a Schlößle en Taler vrquetscht!

Wenn alle so lieget, nò lacht mir vor Luscht
mei Herz en dr schwäbischa Hausfrauabruscht,
i dua se en d'Büchs nei, en Äpfl drzu,
on laß se zumindest a Woch lang en Ruh.

Am Christtag sen alle die Alpträum vrgessa,
denn jetz sen se mürb — bloß z'schad schier zom Essa!

## Butter-S

*500 g Mehl, 250 g Butter oder Margarine, 125 g Zucker, 7 Eigelb oder 3 ganze Eier, Eiweiß zum Bestreichen und etwa 100 g Hagelzucker.*

Willsch ebbes bsonders Köstlichs essa,
derfsch d'Butter-Esla net vrgessa,
die fehlet auf keim Guetslesteller!
Zerscht holsch dei Nudlbrett em Keller
on häufsch drauf 's Mehl on 's andre Zeug,
was mr so braucht zum Esles-Teig.
Jetz nemmsch am beschta 's Metzgermesser,
on zwòr je größer, desto besser,

on hacksch die Masse kurz on klei:
Mehl, Butter, Zucker, 's Gwürz on Ei,
on bald wird aus dem Bollazeug
a zarter, mürber Guetslesteig.
Aus dem duesch kleine Würstla wargla,
gleich dick on halb so groß wie Spargla,
on dò draus formsch mit Raffiness
en ganza Haufa kleine „S".
Die duesch jetz vorna noh on henta
en Mehl on Haglzucker wenda.
Mr läßt se trockna über Nacht,
bevor mr se am Morga bacht.
On nò vrschteckt mr se em Schrank.
Jetz sen se fertig, Gott sei Dank!

*A'merkung:*

Des Hacka mit dem Metzgermesser
vrbietet mr de Kender besser,
jedoch empfiehlt sich's bei Persona
mit a'gestaute Aggressiona!

ABCDE
FGHIK
LMNOP
Q.R S T.Z

# Bäratatza oder Schokladmüschela

*4 Eiweiß, 250 g Puderzucker, abgeriebene Schale und Saft von 1 Zitrone, 125 g geriebene Schokolade, eine Messerspitze Zimt, 250 g ungeschälte geriebene Mandeln.*

*Die Eiweiß zu steifem Schnee schlagen, mit Zucker, Zitronensaft und -schale dickschaumig rühren. Die mit dem Zimt vermengte Schokolade zugeben, noch kurz mitrühren, dann erst die Mandeln zufügen. Kleine Kugeln formen, in Zucker rollen und in ein mit Zucker ausgestreutes Muschelförmchen fest eindrücken.*
*Die Bärentatzen herauslösen und auf ein gefettetes, mit Weckmehl bestreutes Backblech setzen, über Nacht abtrocknen lassen und etwa 25 Minuten im vorgeheizten Backofen backen (E.-Herd 150—175° / G.-Herd 1—2).*

I möcht zu dene Guetsla saga,
daß se bereits beim kleinsta Kend
en Vorrang vor de andre hend.
Se sen a Labsal für da Maga!

Was mr zu dene nemma duet,
schtòht ganz genau dò oba dra'.
So teure Sacha — lieber Ma'! —
kei Wonder, schmecket die so guet!

Noh ebbes sott mr dringend wissa:
Se sen bei ons em Schwòbaland
als *Bäratatza* meh bekannt!
Wer des net weiß, wird vielleicht bschissa.

# Kokosbrötla

*250 g Kokosflocken, 250 g Zucker, 4 Eiweiß, Saft und Schale von einer halben Zitrone oder ein Päckchen Vanillezucker, kleine Backoblaten.*

*Die Kokosflocken, Zucker, ein Eiweiß, Zitronensaft und -schale oder Vanillezucker in einer Pfanne, bei schwacher Hitze, so lange rühren, bis die Masse lauwarm ist. Nach völligem Erkalten die steif geschlagenen restlichen Eiweiß nach und nach daruntermischen. Ist die Masse zu weich, einen Eßlöffel Grieß zufügen. Ein Backblech mit Oblaten auslegen, mit zwei Kaffeelöffeln geformte Makronen daraufsetzen und im vorgeheizten Backofen etwa 20 Minuten backen (E.-Herd 150–175° / G.-Herd 1–2).*

Was rechte Backexperta send,
die gucket sicher nòch on zählet,
ob bei dem Guetslessortiment
au d'Kokosbrötla jò net fehlet.

Die ghöret ei'fach au drzu,
weil se so o'beschreiblich schmecket.
A rechte Hausfrau hòt kei Ruh,
eh die net au drzwischastecket.

Es gibt dò fürs Format kei Norm!
Ob mr se lang, ob rondlich macht:
Am beschta bleibet se en Form,
wenn mr se auf Oblata bacht.

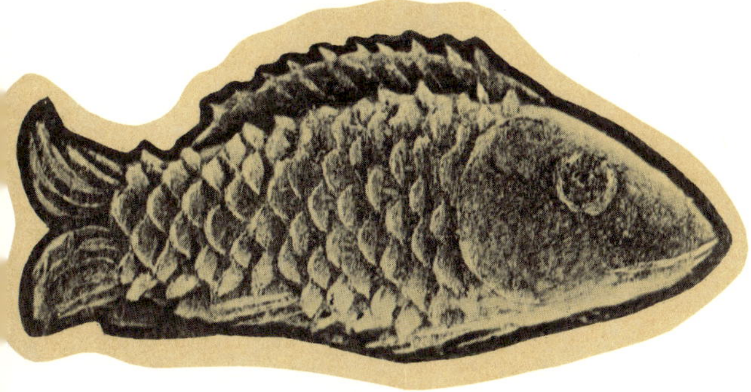

Des alles hört sich harmlos a'
on isch au gwieß kei Hexawerk,
bloß fehlt am Heilga Àbend nò
gern d'Hälfte scho vom Guetslesberg!

*A'merkung:*

En meiner Sippe saget viel,
bei Kokosbrötla briecht mr Glück,
des sei net so a Kenderschpiel,
dr kleinste Fehler könnt scho schada,
on leicht gäb's anstatt fuffzig Stück
*oin* gotziga Makronaflada!

# Quittaspeck

*1 kg Quitten, 500–750 g Zucker, Hagelzucker.*

*Die reifen Quitten in wenig Wasser weichkochen, schälen und durchpassieren. Auf 500 g Quittenmark 500 g Zucker rechnen und so lange kochen, bis die Masse dick ist. Die Paste auf ein Backblech streichen und mehrere Tage trocknen lassen. Dann in Rauten schneiden oder verschiedene Förmchen ausstechen und in Hagelzucker wälzen.*

Beim Schwärma von Delikatessa
wär's glatt a Onderlassungssend,
die mr ei'm übelnemma könnt,
dät mr da Quittaspeck vrgessa.
I weiß, wenn i von dem vrzähl,
schwätz i de Schwòba aus dr Seel!

Des isch zwòr desmòl kei Gebäck
aus Mehl on Eier — a speziells:
des isch a ei'dickts Quittagsälz,
so dauerhaft on zäh wie Speck.
I garantier, wenn i's vrzähl,
schwätz i de Schwòba aus dr Seel!

Die Quitta hanget amma Strauch
on sehet ganz vrkromplt aus.
Se hen a Pelzle wie a Maus
om ihren ronzeliga Bauch.
Des fallt de Schwòba net auf d'Seel,
wenn i des o'geniert vrzähl!

Sen se befreit von allem Dreck,
nò schnipflt mr se kurz on klei
mitsamt dr Schal en Hafa nei
on schneidet 's Kernhaus au net weg,
sonscht lauft womöglich alles fehl,
so ebbes schneidet ei'm en d'Seel!

A Bodadecke Wasser nei
on auf da Herd da ganza Krampf!
Jetz köchlet se em eigna Dampf
gemächlich zu ma Quittabrei.
Wenn i bloß von dem Gruch vrzähl,
schwätz i de Leut scho aus dr Seel!

Jetz holt mr d' „Flotte Lotte" raus
on trieblt den besagta Brei
glei romp on stomp en Hafa nei.
Die Kern on Schala schmeißt mr naus.
A Schwòb betreibt's mit Leib on Seel,
au wenn i's nebabei vrzähl!

Mit reichlich Zucker — laut Rezept —
kocht mr des feine Quittamark
jetz ziemlich lang on jò net stark,
bis alles auf ma Bolla klebt.
Der wird vrstricha, auf dr Stell,
on 's fallt a Last ei'm von dr Seel.

Nò trocknt mr den Quittaflada:
Er isch en Zentimeter dick
on vorderhand noh an ei'm Stück.
Dem ka' jetz vorerst nix meh schada!
Sobald i 'n auf mein Kaschta stell,
hòt se a Ruh, mei arme Seel.

Sen ei, zwei Wochaend vorbei,
holt mr den „Pfannakuecha" raus,
macht lauter kleine Rauta draus
on donkt s' en Haglzucker nei.
Ganz selich schlotzt mr noh ein weg,
eh mr 'n vrschiebt, den Quittaspeck!

*A'merkung:*

Hòsch Gaude an so alte Sitta,
nò bsorgsch dr schleunigst a paar Quitta!

# Spitzbueba

*250 g Butter, 200 g Zucker, 400 g Mehl, 125 g abgezogene, geriebene Mandeln und etwas Vanillezucker werden auf dem Nudelbrett so lange fein gehackt, bis sich die Masse zusammenballt und ein leichter Teig geschafft werden kann. Derselbe wird eine Stunde kalt gestellt, dann messerrückendick ausgewellt und mit runden Formen ausgestochen. Man bestreut sie mit Zucker und backt sie hell. Nach dem Erkalten werden sie mit Hägenmark oder anderer Marmelade bestrichen und zwei oder drei Stück aufeinandergelegt. Es macht sich gut, wenn die Brötchen ausgestochen und abgestuft aufeinandergesetzt werden. Zuletzt kann man sie in Vanillezucker wenden oder die obere Seite mit Vanille- oder Zitronenglasur bestreichen (nach Friedr. Luise Löffler).*

Spitzbueba gibt's zwòr meh wie gnug:
Guck bloß all Tag dei Zeitung a'!
D'Justiz secht längst mit Recht on Fug,
's gang nemme auf a Kuehhaut na',
es könn ei'n 's helle Grausa packa —
on trotzdem deen se d'Schwòba backa!

Se sen ganz harmlos, solche „Kerle",
on stellet gwieß nix Gfährlichs a',
em Gegateil: als eine Perle
sieht jeder Schwòb *die* Bueba a'.
Die selle schaffet kein Vrdruß:
Mr veschpert se mit Hochgenuß!

Du machsch en mürba Teig mit Fett
on duesch a Viertl Mandla nei,
vrgisch au Mehl on Zucker net,
vrzichtesch aber auf a Ei.
Nò stellsch den Teig em Küehlschrank kalt
on gòhsch a Weile naus en Wald.

Nò wellsch en aus, den Teig, dėn kalta,
stichsch dünne, ronde Scheiba aus;
ka'sch au dei Phantasie entfalta:
Wer Luscht hòt, bohrt a Muschter raus!
Die löchrige, die babbt mr schee
zur Zierde nòchher oba he.

Als Klebstoff zwischa zwei so Scheiba
benützt mr gern a Hägamark,
des läßt se brav beinander bleiba
on leuchtet bsonders rot on stark.
Jetz guckt aus dem „Etagahaus"
die Farb durch d'Löcher oba raus.

Mir selber will's noh meh behaga,
vrziert mr s' auf a andre Tour:
Mr streicht auf zwei vrklebte Laga
ganz eifach bloß noh a Glasur
on bohrt die rote Löcher net:
Dr Zucker macht d'Vrzierung wett!

D'Spitzbueba sen bekanntlich emmer
vom Teller honda, ei's, zwei, drei!
Brauchsch trotzdem kei Siren em Zemmer
on scho glei gar kei Polizei,
denn mr bedauert's — des isch 's Glatte —,
sen *die* vrschwonda von dr Platte!

*A'merkung:*

Willsch dir en Spitzbue schmackhaft macha,
nò brauchsch dr bloß ei'n selber bacha!

# Ausstecherla

*500 g Mehl, 250 g Butter oder Margarine, 250 g Zucker, 8 Eigelb oder 3–4 ganze Eier, etwas abgeriebene Zitronenschale, Eigelb zum Bestreichen und gehackte Mandeln oder Hagelzucker oder bunte Zuckerstreusel zum Bestreuen.*

*Das Mehl mit den übrigen Zutaten zu einem Mürbteig verkneten und eine Stunde kalt stellen. Dann einen halben Zentimeter dick auswellen und verschiedene Förmchen ausstechen, die dann mit Eigelb bestrichen und beliebig bestreut werden.*

D'Ausstecherla, *die* dürfet jò net fehla,
willsch von de schwäbische Guetsla vrzähla,
denn die sen dr Grundstock von allem Gebäck
on dienet von jeher dem praktischa Zweck,
da Vorrat zu strecka, je nòch em Bedarf.
Auf die isch am A'fang kei's ausgsprocha scharf,
se waret scho emmer erst richtig begehrt,
war's übrige ratzebutz alles vrzehrt —
erst nò hòt mr schließlich begriffa, als Kend,
was des ao für schwäbische Meischterwerk send.

D'Ausstecherla, des mueß i freilich saga,
obwohl so a Stiefkend von Gauma on Maga,
sen wirklich am allerschönsta zum Backa!
Wer dät net mit Wolluscht sei Schächtele packa
mit all dene herzige Blechförmla drenna?
Mr ka's fast a heiliche Handlung nenna!

Zum Auswella holt mr sei Wellhölzle raus
on schticht nò die Stern on die Niklaisla aus,
die Halbmond on Hasa, die Fisch on die Gäns:
schier kennt d'Phantasie en de Forma kei Grenz.
On isch nò des Blech zur Genüge garniert,
wird fleißig bestricha, vrziert on glasiert,
bevor mr, ens eigene Machwerk vrliebt,
des Blech en da vorgheizta Backofa schiebt.

*A'merkung:*

Es zeigt sich bei dera Beschäftigung schnell,
ob jemand mit Grips schafft on ao rationell.
Dò ka' mr sich selber on andre am beschta
auf vielerlei Gaba he stichhaltig testa:
Schaffsch guet enananander, stichsch omsichtig aus,
kriegsch dopplt so viel en dr halba Zeit raus!
Des ka' mr trainiera, genau wie beim Sport,
nò schreitet d'Geschicklichkeit o'glaublich fort.
Macht d'Mueter zu *dem* Zweck da Teigbolla groß,
nò hòt se ihr Gsellschaft a paar Stond lang los.

# Lebkuecha

Es liegt mir, Leut, des mueß i saga,
*die* Guetslessort net leicht em Maga,
on bis zuletscht druck i mi drom
om *die* Rezeptbeschreibung rom.
Bestimmt wird jeder, der se kennt,
mit Recht behaupta, 's sei a Send,
wenn mr a solche Rarität
net hòòrgenau beschreiba dät!
D'Lebkuecha send's, auf die mr schpannt,
gòht's om Rezept em Schwòbaland,
d'Lebkuecha ghöret jedenfalls
en Vorrat, wie en d'Supp a Salz!
Se sen, zum erschta, groß on dick
on gebbet auf dr Platt a Stück.
Zum zweita riechet se so fei
on brenget 's Festaroma ei.
Zum dritta isch bei dene jetzt
dr Phantasie kei Grenz meh gsetzt,
bei dene schteht fast alles frei.
Mr duet zwòr Mehl on Honig nei,
on Zimt on Mandla on Muskat,
Schnaps, Nägala on Zitronat –
des schtòht en jedem Kochbuech dren –
doch wo e nòchgfrògt han, dò hen
die Schwäbinna ihr Hausrezept,
des hendadren em Kochbuech bäbbt.

Se saget: „So guet wie de meine
sen onder Garantie sonscht keine!"

Was für a Sort soll i beschreiba?
Des laß i wirklich besser bleiba!
Die backbewußte Frauazemmer,
die wisset's zehmòl besser emmer
on sollet's andre Leut vrzähla.
Dr Laie ka' nò selber wähla
on ei'fach alle durchprobiera.
I mòg dò niemand alteriera
on allenfalls da Vorschlag macha:
Willsch garantiert de *beschte* bacha,
gòhsch en a altei'gsessas Haus
on leihsch dr dort da Zettl aus!
Für solche, die vrgeblich fischet
on kei Geheimrezept vrwischet,
zitier i rondweg, brav on bieder,
de selich Luise Löffler wieder.
Was *die* schreibt, hòt sich gwieß bewährt
on isch auf gar kein Fall vrkehrt,
denn was de Herra guet gnueg war,
isch ons net z'liedrig, des isch klar!

## Braune Lebkuchen

*Eine völlige halbe Maß Honig wird in einer messingnen Pfanne über das Feuer gesetzt. Sobald der Honig zu sieden anfangt, kommt ein halbes Pfund gestoßener*

*Zucker darein, welches man so lange zusammen kochen läßt, daß, wenn ein Tropfen auf einen Teller kommt, derselbe trocken wird. Nun tut man an die Masse: ein halbes Pfund geschälte und überzwerch geschnittene Mandeln, ein halbes Glas Kirschengeist, ein paar Messerspitzen voll Pottasche, die Schalen von zwei Zitronen, zwei Loth Zitronat, vier Loth Pomeranzenschalen — diese drei Stücke klein geschnitten —, zwei Loth Zimmet, ein halbes Loth Nägelein, eine ganze Muskatnuß, ein Quint Cubeben und eben so viel Cardemumen; alles Gewürz muß gröblicht gestoßen sein. Gleich darauf rührt man, solang der Honig noch warm ist, so viel Mehl darein, bis es ein ganz starker Teig wird, nimmt ihn dann auf ein Brett, macht nach Belieben Lebkuchen daraus, probiert aber zuerst ein wenig Teig, ob er im Ofen nicht verlauft. In diesem Fall wird noch etwas Mehl darein gewürgt, übrigens aber in der Wärme fortgemacht, daß der Teig nicht zu kalt wird. Die Bleche werden stark mit grobem Mehl bestreut und die Lebkuchen darauf gelegt. Wenn sie gelb gebacken sind, kann man von Zuckerwasser ein Eis (einen Guß) darüber machen oder sie so aufbewahren.*

| | | |
|---|---|---|
| *Eine halbe Maß* | = | *ein Liter* |
| *Ein Loth* | = | *17 g* |
| *Ein Quint* | = | *4 g* |
| *Cubeben* | = | *ein Lebkuchengewürz* |
| *Cardemumen* | = | *Kardamom (scharfes Gewürz)* |

*A'merkung:*

Jetz mueß i doch noh ebbes schreiba:
Mr hört, se dädet Mißbrauch treiba
selbst mit de altehrbarste Sacha.
A Bäckerei häb *Porno* bacha!

A nackets Weib sei's on a Ma',
on der häb ebafalls nix a' —
on des aus Pfefferkuechateig!
Doch d'Bäckerinnung isch net feig
on d'Handwerkskammer schwer auf Dròht,
wenn's om ihrn Sittakodex gòht.
Des sei *sofort* vrbotta gwesa,
han i en meiner Zeitung glesa.

Hätt der en Steimetzhammer gnomma,
der Bäcker, en sei'm Remstal dromma,
on a paar splitternackte Fraua
on Männer aus ma Steiblock ghaua,
proportioniert nòch dr Natur
(net so wie die vom Henry Moore!),
nähm keiner je en A'stoß dra',
on der wär längst a gmachter Ma'!

# Haselnußbrötla

*270 g Zucker, 90 g Mandeln, 90 g Haselnüsse, 3 Eiweiß, 1 Päckchen Vanillezucker.*

*Die Eiweiß werden zu steifem Schnee geschlagen und mit dem Staubzucker gut schaumig gerührt; davon wird eine halbe Tasse voll zum Guß zurückgestellt. Unter das Übrige gibt man die geriebenen Haselnüsse, die Mandeln und den Vanillezucker. Mit einem Löffel setzt man jetzt runde Häufchen auf kleine Oblaten, drückt sie oben etwas ein und gibt einen Klecks von dem Zuckerguß in die Vertiefung. In die Mitte setzt man eine schöne, ganze Haselnuß.*

„Du hòsch jò noh d'Haselnußbrötla vrgessa,
on dòrauf sen d'Schwòba doch ao so vrsessa",
erklärt mei Familie on läßt mir kei Ruh,
drom schreib i halt nohmòl a Sorte drzu.
Se ghöret jò wirklich am Christtag ens Haus,
doch ganget mir d'Wort bei de Lobreda aus,
denn *jede* Sort briecht doch a Hymne von mir,

on dò gibt's halt längst net gnueg Ausdrück drfür!
Mr langweilt jò schließlich sein' Leser net gern;
doch denk i an d'Haselnußbrötla von fern,
nò spür i se schmelza auf meinere Zung
en schier kulinarischer Ausschweifung!

A Blick ens Rezept nei ka' keinesfalls schada!
Mr setzt se nòch Vorschrift auf kleine Oblata,
bestreicht se danòch mit ma Staubzuckerguß,
vrziert se noh gschickt mit ra Haselnuß
on schtellt nò sein Ofa auf „mittel" bis „schwach".
Ihr könnet mir's glauba: se lohnt sich, die Sach!

# ’s isch alles nemme wie früher, oder: Zwei Jòhrhondert schwäbische Zimtstern

Dò kommt mir doch neulich a Kochbuech en d’Händ,
vrfaßt om de vorletscht Jòhrhondertwend,
a echt schwäbischs Kochbuech, vrgilbt on vrlesa,
d’Autorin isch Köchin für d’Herrschafta gwesa
on hòt scho zu Zeita, die längstens vrflossa,
beachtlicha Ruhm bei de Landsleut genossa.
Se schreibt en dr „Vorred“ a bißle vrlega,
se fend’s von ma ei’fache Weibsbild vrwega,
a Buech übers Kocha on Bacha zu schreiba,
anstatt an ihr’m Herd en dr Küche zu bleiba.
Se duet nò mit Sorgfalt auf sechshondert Seita
ihr Kochkunscht dr Hausfrauazunft onderbreita
on schildert ei’m Suppa, Pasteta on Torta,
Fleischspeisa, Sülzla on Zuckerwerksorta
on sämtliche hierzuland übliche Nahrung
aus „ihrem Gedächtniß und ihrer Erfahrung“.
Se macht des mit Liebe, Geschick on Humor,
die herrschaftlich Köchin, vor zweihondert Jòhr,
de bisch beim Schtudiera net wenig vrwondert.
*Mir* schwätzet von „*Fortschritt* em letschta Jòhrhondert“
on denket mit Wehmut an frühere Zeita!
Des Rikele Löffler hätt lieber bescheida

sein Gaisburger Marsch on des Kraut mit de Knocha
au fernerhe wella em Hentergrond kocha
on hòt bloß em Dienscht an de männliche Konda
sei Scheu vor dr Öffentlichkeit überwonda.
Vom Herd weg war dòmòls kei Frau programmiert,
die waret net alle so „emanzipiert".

Mit Zutata waret zu Urahnes Zeita
die Weiberleut allerdings gar net bescheida,
denn Angscht om ihr Linie hen die no net ghet,
on niemand hòt knausert mit Zucker on Fett.
Portiona hen die ei'm beim Kocha vrschrieba,
dò isch mir beim Lesa schier d'Spucke wegblieba!
Was sen denn au dees für Familia gwesa!
Heut dät mr an allem zwei Wocha lang essa
on müeßt zletscht tatsächlich vor Gallebeschwerda
zum Pleitegeier für d'Krankakass' werda.
Es packt ein dr nackete Neid schiergar gschwend,
was die no für kerngsonde Kuttla ghet hend!

Des uralte Kochbuech, mit Flecka on Ronzla,
des brengt ei'n en mancherlei He'sicht zom
Schmonzla;
es könnt ei'n ao teilweis vor Lacha vrschüttla.
I will drom dr Nòchwelt a Koschtprob vrmittla,
nò ka' se linguistische Studia macha
on probeweis dreierlei Zemmetstern bacha:

*Friedrike Luise Löffler: Ökonomisches Handbuch für Frauenzimmer. Erster Band, welcher das Kochbuch enthält. Stuttgart, anno 1800*

## Zimmetsterne

*Ein halbes Pfund ungeschälte Mandeln stoßt man zart, nimmt sie in eine Schüssel, anderthalb Pfund gesiebten Zucker und ein Loth gestossenen Zimmet dazu, schlägt von 3 Eierweiß einen Schaum, rührt dann dies alles zusammen an, streut halb Mehl und halb Zucker auf das Bakbrett, wellt den Taig eines starken Messerrücken dik, und sticht ihn mit dem Sternmodel aus. Nun werden die Bleche mit Butter bestrichen, die Sterne daraufgelegt, in schwacher Hitze gebacken, und nach diesem noch mit einem Zimmeteis geeißt, welches auf folgende Art verfertigt wird: Ein halbes Loth gestossenen Zimmet und 4 Loth Zucker nimmt man in ein kleines Geschirr, gießt ein halbes Glas Rosen- oder frisches Wasser daran, und kocht dies so lang auf Kohlen, bis es diklecht ist. Nach dem Backen werden die Zimmetsterne mit einem in das Eis getunkten Pinsel überfahren, und wieder im Ofen getroknet, daß sie einen hübschen Glanz bekommen.*

*1 Loth = 17 g,*
*Eis = Glasur.*

*Friedrike Luise Löffler: Neues Stuttgarter Kochbuch oder bewährte und vollständige Anweisung zur schmackhaften Zubereitung aller Arten von Speisen, Backwerk, Gefrorenem, Eingemachtem usw. Stuttgart, anno 1911*

## Zimtsterne, zuverlässiges Rezept

*Der steife Schnee von 9 Eiweiß wird mit 1 Pfund Staub- oder Puderzucker und dem Saft einer halben Zitrone eine Stunde gerührt. Nun stellt man 6 Eßlöffel von dem Gerührten zum Guß zurück. Nachher gibt man 30 g feinsten Ceylonzimt, etwas geriebene Zitronenschale und 1 Pfund ungeschälte, fein geriebene Mandeln – die Hälfte kann mit dem gröberen Reiber gerieben sein – und zuletzt noch 1/4 Pfund Sandraffinade zur Mandelmasse. Man läßt sie eine Zeitlang stehen, damit die Mandeln aufquellen. Dann nimmt man immer eine kleine Portion Teig aufs Backbrett, drückt sie mit etwas Zucker und Mehl flach oder wellt sie ganz leicht und nicht zu dünn aus, ehe man die Zimsterne mit dem Ausstecher aussticht. Sie werden auf ein mit Speck oder Butter bestrichenes Backblech gesetzt und sollten 1–2 Stunden abtrocknen, ehe man die zurückgestellte Glasur mit einem Kaffeelöffel vorsichtig auf die Sterne streicht. Sollte das Eis zu dünn sein und ablaufen, schlägt man vorher noch einige Eßlöffel Staubzucker darunter; ist es zu dick, hilft man mit ein paar Tropfen Wasser nach. Nach dem Glasieren müssen die Zimtsterne sofort in den Ofen. Der zuvor ganz weiße Guß darf nach dem Backen nur hell gebräunt aussehen.*

*Luise Hainlen: Schwäbisches Kochbuch.*
*Stuttgart, anno 1951*

## Zimtsterne

*4 Eiweiß, 250 Gramm Staubzucker, 250 Gramm ungeschälte, feingewiegte Mandeln, Saft von 1/2 Zitrone, Zitronenschale, 8 Gramm Zimt, 1 Prise Salz und Muskat.*

*Die Eiweiß werden zu einem sehr steifen Schnee geschlagen, mit dem Zucker und Zitronensaft dick gerührt, 4 Eßlöffel zu der Glasur weggenommen, Zimt und die anderen Zutaten beigefügt und gut vermengt, dann läßt man die Masse über Nacht stehen. Am andern Tag wird der Teig auf dem mit Zucker bestreuten Backbrett leicht ausgewellt; nun werden Sterne ausgestochen, nachdem sie etwas abgetrocknet, glasiert und in mäßiger Hitze gebacken.*

*A'merkung:*

Wenn's recht überlegsch, isch's a traurige Zeit,
denn ganz automatisch vermittlt mr heut
so trocka ond lieblos ond ohne Gefühl,
ganz nüchtern ond bschnotta, em Fernschreiberstil,
de köstlichste Sacha; on lang dauert's net,
nò hemmer die bescht Zeit em Schwòbaland ghet,
denn anno zweitausend, dò kaufsch a Tablett:
*Echt schwäbischer Zimtstern (synthetisches Fett)!*

# Dr Guetslesteller

Des Wella on Kneta, des Wargla on Rühra,
des Ausstecha, Hacka, Glasiera on Schmiera
betreibt ao a Schwòb net von o'gefähr:
I ben überzeugt, wenn dr Christtag net wär,
nò hätt mr die alte Rezept scho vrgessa,
on d'Leut dädet bloß noh des Lombazeug essa
aus Büchsa on Gucka, vom Fließband direkt,
wo keinerlei Herz on Idee meh drenschteckt.
Se dädet sich gega des Saugschäft vrwahra,
ihr Geld für en bombiga Bungalow schpara,
für Auto on Kleider en Hülle on Fülle.
Wer hätt' noh en Sinn für a alte Idylle?

Dr Christtag jedoch brengt Bewegung ens Haus
on breitet sei übliche Zauberkraft aus.
Dr ärgste Banause wird schiergar a Kend,
vrgißt sei Prestige on nemmt 's Wellholz en d'Händ.
Es wär jò wahrhaftig net auszudenka,
dät niemand meh *eigene* Guetsla vrschenka!

Am Christtag, dò holt mr s' aus Kaschta on Keller
on beigt se mit Sorgfalt auf Arzberger Teller,
denn jetz gòht der standhaft vrteidigte Sega
en all seiner Vielfalt sei'm Schicksal entgega,
jetz endlich kriegt jeder sei eigens Gedeck,
belada mit köstlichstem Weihnachtsgebäck.

Kaum sieht mr die Guetsla em Kerzalicht pranga,
nò dät mr am liebschta sofort nòch ei'm langa,
so knuschprich on aufreizend lieget se dò;
se lachet ei'n richtig herausfordernd a',
die Esla on Zimtstern – des isch a Genuß! –
die goldbraune Plätzla aus Kokosnuß,
die Lebkuecha alle, auf schwäbische Art,
die Sprengerla, wonderbar schneeweiß on zart,
on d'Bäratätzla, aus Nüss on Schoklad –
selbst d'Ausstecher dünket ei'n gar net so fad!
Noh vielerlei andre, echt schwäbische Sorta
sen heut von dr Schatzmeischtre freigeba worda.

Obwohl's ei'n beim A'blick so fürchterlich glüschtet,
beherrscht mr sich vorerscht, noh ziemlich
entrüschtet,
on secht sich: „Jetz guck no' des Wunderwerk a'!
A Schand, wer des hemmungslos aufessa ka'!"
Bald sieht mr die andre am Tellerrand kleba:
Ao *die* könnet's alle schier nemme vrheba
on redet sich ebafalls schei'heilig zu.
Trotz allem Bemüha gibt d'arm Seel kei Ruh:
Em Handomdreha werdet die Abwehrkräft kleiner,
es knabbert ond veschpert scho hie on dò einer.
Jetz ka'sch dei'm Bedürfnis net länger meh wehra
on fangsch mit System a', dei'n Teller zu leera.
Dr Vorrat schmilzt z'samma, on d'Linie isch he,
de stellsch de auf d'Wòòg – on hòsch drei Kilo meh!

*A'merkung:*

Dò fällt mir doch grad a Begebaheit ei,
die füeg i dem Thema noh abschließend bei,
damit selle Leut, die en Vierbeiner hen,
net grad so naiv on so leichtfertig sen:
I weiß noh, i han amòl d'Vorsicht vrgessa,
nò hòt onser Setter mei'n Teller leergfressa!
So wenig hòt der d'Pietät reschpektiert.
Doch des isch mir 's erschtmòl on 's letschtmòl passiert!

## So isch's nò ao wieder!

I han jetzt en Haufa palavert vom Bacha
on könnt des nadierlich noh seitalang macha,
denn 's Repertoire isch bei weitem net aus:
I denk mit Reschpekt an mei elterlichs Haus,
dort sen garantiert an die zwei Dutzend Sorta
alljährlich zum Christtag auf d'Kante glegt worda.
I mein bloß, jetz laß i des Versmacha bleiba,
mr ka' jò d'Rezept ao en Prosa beschreiba,
denn alle sen leider net gleich orginell,
on d'Luscht am Schtudiera vrgäng ei'm nò schnell.
Ihr fendet drom alles, was bisher noh fehlt
— gemüetlich vom Rikele Löffler vrzählt —,
am Schluß von dem Büechle nett abdruckt für euch.
Viel Schpaß noh mitnander an schwäbische Bräuch!

## Hägenmakronen

*4 Eiweiß werden zu steifem Schnee geschlagen, 3/4 Pfund staubfeiner Zucker und 2 kleine Eßlöffel Hägenmark hineingetan und eine Stunde gerührt. Den vierten Teil der Masse stellt man nun zum Eisen weg, rührt in die übrige Masse 1/2 Pfund abgezogene, geriebene Mandeln mit der Schale und dem Saft von 1/2 Zitrone und setzt sie auf ein schwach mit Butter bestrichenes Blech auf. In die Mitte jeder Makrone macht man eine kleine Vertiefung, streicht das Eis darauf und backt sie in nicht zu heißem Ofen.*

## Himbeerbrot

*250 Gr. Zucker wird mit zwei ganzen Eiern und 4 Eigelb eine halbe Stunde gerührt, 4 Eßlöffel eingemachte Himbeeren gut eingerührt, 250 Gr. Mehl darunter gemischt und kleine Brötchen auf ein mit Butter bestrichenes Blech gesetzt und in nicht zu heißem Ofen gebacken.*

## Pomeranzenbrot

*250 Gr. gesiebter Zucker wird mit 4 ganzen Eiern 1/2 Stunde gerührt, dann 60 Gr. geschälte, in kleine Würfel geschnittene Mandeln, die abgeriebene Schale von 1 frischen Pomeranze, oder in deren Ermangelung 60 Gr. fein geschnittene Pomeranzenschale nebst 300 Gr. feines Mehl dazu getan. Der Teig muß in der Dicke wie ein dicker Klößeteig sein. Dann bestreicht man ein Blech mit Butter, setzt von der Masse mit einem Eßlöffel kleine Häufchen darauf, bestreut sie mit fein gestoßenem Zucker und backt sie gleich in einem nicht zu heißen Ofen.*

## Schokoladeschäumchen

*250 Gr. staubfeiner Zucker und 45 Gr. geriebene Schokolade wird mit etwas Vanille unter den sehr steifen Schnee von 3 bis 4 Eiweiß leicht gemischt, auf Papier runde oder längliche Häufchen gesetzt und sogleich in abgekühltem Ofen gebacken.*

## Vanillebrot

*1 Pfund Zucker wird mit 4 ganzen Eiern und 8 Eigelb 1 Stunde gerührt, dann wird mit Zucker gestoßene Vanille und 1 Pfund Mehl hineingeschafft; nun setzt man kleine Brötchen auf ein mit Butter bestrichenes Blech, läßt sie 1 Stunde stehen und backt sie in nicht zu starker Hitze.*

## Zedernbrot

*375 Gr. ungeschälte, fein geriebene Mandeln und 375 Gr. Zucker werden mit dem Schnee von 2 Eiweiß, dem Saft von 2 und der Schale von 1 Zitrone untereinandergemengt, mit der Zedernbrotform ausgestochen, einige Stunden oder über Nacht stehen gelassen und schön gelb gebacken. Sobald sie aus dem Ofen kommen, bestreicht man sie mit folgendem Eis: der Saft von 1/2 Zitrone wird mit so viel Staubzucker gerührt, daß das Eis noch flüssig bleibt und mit dem Messer aufgestrichen werden kann. Sie werden dann im abgekühlten Backofen oder am Ofen getrocknet.*

## Anmerkung der Verlagsredaktion:

Was hend mir en dr Redaktio
von all de scheene Guetsla scho?
Net viel, bloß 's Gschäft ond 's wässrich Maul;
drom semmer orthographisch faul.
Mr pfeifed hier, mr pfeifed dò
zur Gaude oft aufs Eszeha.
Es isch net emmer konsequent –
*mir* moinet, daß mr's lesa kennt.

Wie man heute schwäbisch schwätzt
und schreibt, ...

Wie man in Württemberg früher gekocht
und gebacken, gegessen und getrunken hat,
lesen Sie in der herrlichen Ausgabe von

## Friedrike Luise Löffler
## Ökonomisches Handbuch
## für Frauenzimmer
## Band 1, welcher das Kochbuch enthält

Unveränderter Nachdruck der Ausgabe von 1795.
Nachwort von Hans-Christoph Bernhard.
696 Seiten, gebunden

Daß die alten Rezepte heute noch brauchbar sind,
haben Sie vorn mehrfach gesehen. Mit Hilfe der
beigefügten Umrechnungstabellen und
Wort-Erklärungen und mit etwas Phantasie
können Sie alle Rezepte originalschwäbisch
ausführen.

J. F. Steinkopf Verlag Stuttgart

| | | | | |
|---|---|---|---|---|
| Auflage: | 5 | 4 | 3 | 2 |
| Jahr: | 86 | 84 | 82 | 80 |

Einband: Hans Hug.
Alle Illustrationen nach alten Springerlesmodeln
aus Familienbesitz,
fotografiert von Ernst Kirschner, Stuttgart.
Satz und Druck:
J. F. Steinkopf Druck + Buch GmbH, Stuttgart.


ISBN 3 7984 0341 4.